|정|태|욱|詩|集|

덧붙이지 못한 말

모더미풀

시인의 말

다시 꿈꾸기 위해
다시 채우기 위해

고향 옛 우물은 마을 입구에 있었습니다. 한번씩 우물을 모두 비워내는 대청소는 마을의 큰 일이었지요. 물맛이 좋았지만 청소한 후 물맛은 더 좋았고요.
우물은 턱이 낮았기에 어린 우리는 우물가에 엎드려 입을 대고 쫄쫄 마십니다. 동무들 옆 얼굴을 보며 까닭없이 깔깔 웃기도 했던 정경이 그립습니다.

검게 깊은 바닥을 보며
시를 마셨을까.
꿈을 마셨을까.
-

그렇게
고여있는 시들을 퍼내 엮었습니다.
한줄의 나이테를 그었습니다.

더 맑아진 詩語들로 새 우물은 넘치라.
시는 꿈꾸는 것이니
내 우물에 정화수같은 영혼이여 넘치라.
-

아버지 어머니는 언제나 그립습니다.
이 시집을 이승에서 보셨다면 얼마나 자랑하셨을까.
천국에서 한편씩 읽으시며, 어린 아기 저를 돌보소서
지상에서 저를 감싸는 아내의 어깨를 다독이소서.
-

2022. 12. 20. 용인 법화산의 끝자락에서

차례

▼ 01부. 連作詩

__ **봄날은 간다**
- 13 담장 아래서
- 14 짧은 꿈
- 15 화전(花煎)놀이
- 16 봄의 Adagio
- 17 봄비
- 18 봄의 망각
- 20 봄날의 병실
- 21 봄과의 거리
- 22 함몰의 美學
- 24 미친바람으로
- 25 장승
- 26 그대의 월광곡
- 27 그대의 葉脈
- 28 그날, 그대는

__ **덧붙이지 못한 말**
- 31 덧붙이지 못한 말
- 32 등대

33 풀 등 곁에서

34 대설주의보

36 잊지 않을 거야

37 모닝커피

38 모란

___ **골목畵帖** (연신내 마을버스 3번 종점)

41 수박

42 hine e hine(마오리族 자장가)

43 속죄

44 저문 여름

45 저녁기도

46 열리고 닫힘. 꽃잎의 경계에서

48 적막(寂莫)

___ **순천만 葉書**

51 갈대밭

52 가벼운 안부

54 올갠 교향곡 3번

55 나비잠으로

▼ **02부. 푸른 행성에서**

59 백담사(百潭寺)
60 노란 자수
62 산토리니
64 귀에 남은 그대 음성
69 가을 아침
70 동구나무 아래 Ⅰ
72 동구나무 아래 Ⅱ
74 삼우제(三虞祭)
76 말구렁
78 황매화
80 바람의 화석
83 선영이
84 찬란한 한나절 Ⅰ
85 찬란한 한나절 Ⅱ
86 빛나는 그 얼굴
87 소묘(素描)
88 불면(不眠)
90 시간에 기대어
92 詩의 막차

- 94 진관사(津寬寺)에서
- 95 오월 아침
- 96 푸른 밤
- 97 파가니니 주제에 의한 Rhapsody
- 98 풋사랑
- 99 노을을 건너
- 100 朗月里에서
- 102 김기창(노동자요셉) 신부님

▼ 03부. 영원한 찰나

- 105 담쟁이
- 106 넝쿨
- 107 단풍
- 108 火印
- 109 낮은 곳으로
- 110 小雪 아침
- 111 머리말
- 112 함몰(陷沒)
- 113 선(禪)으로 들어가는 자
- 114 초혼(招魂)

115 별 헤는 밤

116 꽃들이 피는 까닭

118 별꽃 I

119 별꽃 II

120 복수초

121 애기똥풀

122 노루귀

123 어느 새벽

124 망초

▼ 跋文

127 '찬란한 한나절'을 위하여 – 정태욱 시인의 '빛'
(심원섭 _ 前 돗쿄大 교수. 문학평론가)

01

연작시

- 봄날은 간다
- 덧붙이지 못한 말
- 골목畵帖
- 순천만 葉書

連作詩

봄날은 간다

連作詩 | **봄날은 간다**

01

담장 아래서

흙바닥 선술집 연탄통 탁자
늙은 시인과 함부로 흘린 분노여.

찌개는 졸아서 눈물처럼 짠 시간
꺾어진 유행가 마디에도 상처나
부릅뜨던 청춘이여.

어깨동무 엮어 검은 골목에 나서면
이승에 내려온 기도는 가지마다 터졌는데,
누구의 죽음을 증거하였나
하늘을 향해 불쑥 쳐들던 손.

깊은 어둠을 오랫동안 노려보았네.

連作詩 | 봄날은 간다

02

짧은 꿈

짧은 꿈인가
벚꽃은 너무나 가벼운 함몰(陷沒)이 화려하지
한쪽 이파리로 낙하하는 누군가의 생애

치마폭에 잠긴 꽃자수들은 물결쳐
바람 부는 산마루에 닻 내리고
유년기의 아른한 손수건으로 서성이는데

눈물은 어려
돛이 펄럭여

너 어디
나 어디

連作詩 | 봄날은 간다
03

화전_花煎 놀이

깊은 화상을 입어야만
연분홍 더욱 선연했어
花煎처럼.

꽃보라 비늘의 긴 강에 햇살도 눕고
왜 갈피 잡지 못하는 봄밤처럼.

막 도착한 짧은 안부의 마침표처럼
슬픔이 적혀 있던 건지도 모를
한 올씩 잡힐 듯 여린 비누향기처럼.

"뒷모습이 아련했답니다. 안녕."

섬찍하게 滿開하던 꽃무리 뒤로
느리게 지는 봄밤.

섬진강은 점점 멀어져갔어.
가늘게 흔들어 작별하던
그 손끝처럼 말이지.

連作詩 | 봄날은 간다

04

봄의 Adagio

연초록 떡잎이 손톱만큼씩 하늘 향해 기지개 켜는 속도로,
긴 오후의 햇살이 야금야금 방바닥을 지나는 속도로,
눈 속에서 복수초가 노란 눈매로 실눈 뜨는 속도로,
몽돌해변의 달그락 달그락 닳는 몽당 조약돌의 속도로,
보이는 듯 보이지 않는 듯 적막의 속도로,

고요의 속도로 조금씩 조금씩 눈 맞추고,
드디어는 팔다리를 활개치기 시작하는,
눈물겨운 속도로 너는 그렇게.

連作詩 | 봄날은 간다
05

봄비

봄비, 그날 생각난다
눈물, 그해 생각난다

영낙없는, 그렇게 떠났던 네 뒷모습
등에 맞던 비보다 더 흘렸을
숙인 볼에는 눈물이었겠지

해마다 쓸쓸히 내리는 까닭처럼
해마다 벚꽃 물결 더 일구는 까닭처럼
미치광이의 이별이었던 속울음은
시퍼렇게 머리 풀어
광야 덮치는 들불이겠네

그리하여 계절의 먼 훗날도
눈물의 흔적은 새순처럼 돋겠네

連作詩 | 봄날은 간다
06

봄의 망각

설레며 기다리던 봄이 문득 싫다.
예리한 날로 그 화사함을 왜 자꾸 깨우는가.
가지 끝마다 다시 난도질되는 그 꽃촉들이 싫다.
화려한 생명에 눈부신 건 순간, 솟는 꽃잎들은 분분하게
날려 비수처럼 하강하고야 마는 종언(終焉)이 싫다.

봄날이 바람과 함께 멀리 사라진 후, 움푹 패인
발자욱마다 지천의 꽃잎 무덤으로 사무치는 상흔이 싫다.
그 다음의 빈자리를 마침표도 없이 다시 채우는 초록들은
무심하구나.
여름으로 흘러가는 망각의 속도가 싫다.

하얀 이에 솟던 웃음이 머물던 너의 시간.
긴 낭하의 어둠 끝에 놓인 의자에서 그대 울고 있던 어깨에
홀로 멈춘 너의 시간.
뜨거운 심장에 그어지던 상처를 꿰매던 나의 시간.
첫사랑이 눈시리게 다가오던 함박눈을 예감하던 나의 시간.
다가갈 수도, 멀어질 수도 없던 그 거리.
손차양을 올려 벚꽃 가지 사이의 먼 곳을 나란히 바라보던
우리의 시간.

하염없이 기다리는 기차표같던 우리의 봄날.
너를 향해 온몸을 벼랑에 던지던 파도를 담던 한철은
담쟁이 잎사귀 한 잎을 엽서처럼 보내던 사연과,
엽맥(葉脈)에 봉인(封印)한다.

기억나지 않는 어제의 기록은 잠들라.
이승에 남아있지 않는 시간들과도 같은 봄날도.

連作詩 | 봄날은 간다

07

봄날의 병실

병실의 구석진 복도
혹은 수술실 앞 의자

간혹 우는 사람
간혹 넋잃은 사람
때로는 홀로 젊은 남자
때로는 손자 손 꼭 잡은 할머니 눈물

다시 주어질 시간을 기다리기도 하고
주어질 수 없는 시간인줄 뻔히 알며
미안하다고 다시는 안 그러마겠다고
영혼에 문신하듯 때늦은 맹세도 한다
어느 천사의 기도가 그에 비하랴 지상의 다짐

병실 밖은 징그럽게 화사해 봄날엔 더 아프다
부활과 소멸의 교차점에
째깍 째깍 초침으로 찍히는

連作詩 | 봄날은 간다
08

봄과의 거리

4월도 오기 전에 다 졌다.
목련꽃 그늘도
베르테르의 편지도
읽던 소녀도 사라진 그 자리

처녀들이 커피 한잔씩 들고
떨어져 밟히는 꽃잎들 아우성도 모르고
까르르 까르르 맑게 웃어대누나.

어쩌면 니들 웃음과 볼이
더 가슴 떨리는 사월의 꽃잎들이구나.

내 나이는
봄처녀들에게서 계절들에게서
한 발치 떨어지거나 뒤처진 채
뒷짐진 거리로나 잴 수 있으려나 몰라

連作詩 | 봄날은 간다

09

함몰의 美學

자가격리가 '건국신화 체험 기간'이라는 말에 웃어
봅니다만, 쑥은 들녘에 지천이고, 율곡선생은, 파농한
급식 농사꾼의 마늘을 한 되박씩이나 줍니다.

답답한 동굴의 일탈이랄까, 느릿느릿 곰의 걸음으로
한바퀴 어슬렁거려봅니다. 아파트는 꽃대궐, 길은 꽃터널.
온통 아우성에 파묻힌 터널을 벗어나, 뒷길로 돌아서니,
거기는 또 어마어마한 벚꽃 무리의 만리장성이
서 있습니다.

벚꽃 성벽 밑으로 바짝 다가서 봅니다. 거칠고 늙은
거목의 등걸은 두텁고 갈라진 농부의 뒷꿈치. 그 껍질을
장하게 뚫고 솟아나온 미소들이, 애잔하기까지 합니다.
저 햇살에 저 바람에 머리칼 산발하며 미치고 미쳤다가,
하염없는 몇 날을 미련없이 버리고, 속절없이 함몰(陷沒)
할 것이기 때문입니다.

미친, 미치고 싶은, 어떤 미친 여인과 미친 사랑을
나누어야 할지도 모를 계절입니다. 사랑이 멈춘 그 뒤의
작별, 혹은 죽음이 저처럼 화려하기에, 한 뼘의 낙화암은
더 낭자할 계절입니다.

連作詩 | 봄날은 간다

10

미친바람으로

네 눈속에 잠긴 한 그루 목련

내 명치 끝에 예리하던 섬광(閃光)으로 솟던
봄바람은 여우바람,
미친바람은 머리 풀어
너와 나의 좁힐 수 없는 그 거리

저승까지도 뻗은 낭하를 쏘다니는
들불로 타올라
몇 개의 계단이던가
풀꽃처럼 포개진 우리의 손

그 사이
천 송이 만 송이로 산화(散華)하는
만리 저쪽의 뇌성(雷聲)이여

連作詩 | 봄날은 간다

11

장 승

잠든 영혼의 저음을 때리는
들꽃
현(絃) 위에 떨며 울던 네 뒤는
계절의 천길 벼랑

아, 그래 그래
연두색은 내 어깨 위에서
사정없이
사정없이 물결쳤었어

나, 어느덧 장승으로 굳어 서 있었어

連作詩 | 봄날은 간다

12

그대의 월광곡

베토벤의 '월광'(月光)이 되어
건반의 강을 건너는 너

당신의 운명을 향해
크레센도-
디크레센도-
어지럽던 내 걸음마다
끊임없는 화인(火印)

이제는
쑥대머리 풀던 계절 광풍(狂風)의 난간을 돌아
어느 암자 촛불 밑에서 그대가 지우던
한줄기 눈물까지도 지나온 먼 바다여

묻노니
옥수수 밭의 반디 물결은
어느 느린 악장(樂章)의 하반부에 누워
노래하는가

連作詩 | 봄날은 간다

13

그대의 葉脈

내 맘에 어떤 사랑이 시리게 숨어 있는지 묻네.

한 여름 대낮에도 뼈가 떨리는 그리움을
한 겨울 사막 가운데서 폭염의 살이 부르트는 외로움을
다시 묻네.

심해로 내려가 모두 잠든 적막(寂寞) 속
목마의 시든 일기장에 누워 묻네.

훑어 잡던 햇살을 풀고 청춘은 한 움큼 손금이었을 때
그리하여 빈 손바닥에게 다시 묻네.

그 엽맥(葉脈)을 따라 어디로
그대
흘러가느냐고.

連作詩 | 봄날은 간다

14

그날, 그대는

첼로 위로 흐르던, 저문
봄날의 강변을 기억하십니까?
그대는.

당신 치마결 곁에 한없이 투정하던
나의 청춘이듯
한 줄기 비행운 이끄는 은백 점
쏜살같이 건너편 산마루로
물미끄럼을 타고

이윽고 달빛과 이슬 먹 감던
옥수수밭 두렁길을 지나
내 등에 업혀 건너던
시냇물의 재잘거림도 기억하십니까?

반딧불의 트레몰로로
더욱 화려한 오선지였던
그대는.

連作詩

덧붙이지 못한 말

連作詩 | 덧붙이지 못한 말

01

덧붙이지 못한 말

당신을 만날 때마다
먼 산자락 아스라이 물거품 일구는 벙어리
백양나무 숲이었다.
내 가슴은

네 운명이 풀어진 노래
바람소리 아래를 걸어가면
파도소리만
파도소리만 들렸어

흔들리는 막차의 불빛이
네 무릎 위 조용히 얹혀 山寺를 떠나고
우리들의 時間이
시든 꽃 위에 잠들었을 때

비로소 생각한다.
덧붙이지 못한 말을

連作詩 | 덧붙이지 못한 말

02

등대

터널 밖 빛속으로 뻗어나간 듯해요 거기 등대.
철길처럼 먼 방파제 끝
말없이 서 있던,
어쩜 그렇게 당신 닮았던지요.

바다를 향해
詩의 마지막 단어처럼
그 발치에 서 있었어요.

오래 오래 울었답니다.

파도의 보채는 소리를
덧붙이지 못한 말로 남기고
되돌아오다 또 한번 돌아봅니다.

큰 키의 당신도 조그마해진 채로
아득하게 저를 보고 있네요.

連作詩 | 덧붙이지 못한 말
03

풀 등 곁에서

'보리밭'을 나직하게 부르는 시인처럼, 느리게 번지는 노을의 속도같은 철학자처럼, Larghetto의 Chopin처럼 걸어간다. 집에 들어가지지 않는 나의 방황처럼, 민들레 꽃씨 근처 어느 풀 등을 어슬렁거리는 녀석도 만났다.

그 곤충에게 '너는 굽어진 풀허리의 초록 고샅길을 걸어가는데'라고 말하려다가 그만둔다. '나는 토담도 흙길도 빼앗겨 붉은 신호등 밑에 멈추었구나'라고 말하려다가 또 그만둔다.

전화번호를 누르고 발신음이 간다. '너는 왜'라고 하려다 끊는다. 노을 사진을 첨부하고 '나는 정말이지, 너를'이라고 찍다 또 지운다.

그 사이 노을이 흩어졌다. 태평양을 건너왔을 법한 비행기가, 노을 구름의 남은 조각을 가르고 간다.
조각배처럼.
덧붙이지 못한 말처럼.

連作詩 | 덧붙이지 못한 말

04

대설주의보 _大雪注意報

대설주의보가 내렸었던 그날.
천지는 아득했다.

먼 마을이 묻혔다던 그해.
영락없는, 그날 떠났던 네 뒷모습의 그 마을에
펑펑 내리던 눈송이.
함박눈을 녹여 그린 엽서는 출발할 수 없었고,
숙인 볼에 눈물이 얼어붙었다는 문자도 두절됐다.

광야 덮치는 들불 사그러지고
능소화 젖어 툭 떨어지던 담장 아래서
머리 풀던 미치광이의 속울음은 시퍼렇던가.
그 기억들 위 대설주의보가 내리고
함박눈 속으로 당신은 떠난 후,
해마다 어딘가에 폭설 소식이 들리건만
그러나 그 이후 네 소식은 끊어졌다.

안부도 이름도 얼굴도 계절의 먼 훗날도
범접할 수 없는 적막에 들었건만
눈물의 흔적이 더 투명할
이듬해 수선화 꽃 촉이 기다려졌다.

덧붙이지 못한 말처럼,
그날의 목마름처럼,
대설주의보 속으로 들어간 이후.

連作詩 | 덧붙이지 못한 말
05

잊지 않을 거야

나를 잃어버릴까 봐
문신했어

아득해지는 백치의 그날들이
화사한 살냄새 속에 숨은
검고 깊은 황혼처럼 말이지

탐욕의 재로 덮인 숲 저 뒤로
거대한 전쟁을 마친 도시가 벗어놓는
황혼의 거대한 갑옷

지구 뒤로 추락하는 순간
떠올랐던 화사한 너의 얼굴
금세 사라지는 참회이었는지

덧붙이지 못한 말이
피부에 박제된 채 갇혀있는 꿈들은 아니었는지
묻지는 마

連作詩 | 덧붙이지 못한 말

06

모닝커피

회사 앞 허름한 카페.
간소한 공간만큼
아메리카노 1500원.

하지만 향기는 깊어
바람으로 만든 나를 이끌고
바다로 갈대밭으로 강가로 산마루로
옛 마을 돌담 사이로 흘러 다녀.

내 다리도 발자국도 없어지고,
너무 오래 걸었던 흔적들은
눈으로 내리고
낙엽으로 날리고
호수 위의 노을로 한없이 잠겨.

네 눈매가 웃었던 지지난해였나
네 볼에 방울지던 처마 아래였나
문득, 명료한 마침표처럼 찍어지는
덧붙이지 못한 말.

連作詩 | 덧붙이지 못한 말
07

모란

모란의 계절이라지요?

초록 보리 이랑 펼친 아침의 신록
말간 돌담
햇살 담긴 상큼한 샘물
야생화의 수줍음 너머 노랑 송화 가루
잊었던 이름의 그녀 긴 눈썹
살랑 팔랑 스치던 엷은 향의 어젯밤 꿈

덧붙이지 못한 말의 그 꿈처럼
모란이 수놓인
하얀 치마의 계절이라지요?

連作詩

골목畵帖_화첩
(연신내 마을버스 3번 종점)

連作詩 | 골목畵帖(연신내 마을버스 3번 종점)
01

수박

후줄구레한 가장.
막차 마을버스에
커다란 수박 한 통 들고 탔다.

종점에서 기다리던
아내와 아들
셋이서 같이 들고
까르륵 웃으며
골목으로 사라진다.

아버지 생각난다.
주루룩 여섯 남매
먹고 싶은 것 다 먹이면서도
꼿꼿한 언론인이셨다.
내 모습이 너무 죄송하고 부끄럽구나

언제나 그렇게 귀가하신
코가 시큰한 종점.

連作詩 | 골목畵帖 (연신내 마을버스 3번 종점)
02

hine e hine

막차 마을버스 종점에 서서 저 먼 꼭대기층 전세든
우리집을 올려 본다. 낮에 큰 소리로, 내 천한 자존심
상했다고, 그 천사를 조롱하고 뛰쳐 나왔었다.

아내는 아직 불 켜고 기다리고 있나 보다.
그대 젊은 날. 왜 허튼 내 유혹에 넘어간 거냐. 당신에게
해준 이 집이, 이 살림은 뭐냐. 그리고, 이 늦은 밤길에
멍하게 서 있는 이 남자는 뭐냐.

이어폰으로 자장가가 들린다. 마치 아내 목소리같다.
당신은 아직도 뜨거운 자여. 방황이 아까운 시간의
주인이여. 빨리 들어오라고. 와서 품에서 자고 나면 맑은
해가 잉태된다고.

[註]

hine e hine : 마오리족(뉴질랜드 원주민)의 자장가. 뉴질랜드의 가수이자 작곡자인
'Fanny Howie'가 1907년 마오리어로 작곡했다.

連作詩 | 골목畵帖(연신내 마을버스 3번 종점)

03

속죄

감나무 잎새 위로 눈부시던, 대낮의 햇살도
쌀 씻는 소리에 활짝 핀, 저녁의 분꽃도
얼굴 가리고 산 넘어간 시간
밤바람은 경사진 날개 짓으로 내려와
고즈넉한 처마 아래 가늘게 접고
그 시절 먼 곳 바라보던 검은 눈매.

그대만 생각하면
왜 콧날이 찡한가.
나 또한 누군가에게 눈물을 주었던 일도
속죄하란 어둠인가.

쯔르릇~ 쯔르릇~
별들을 찾아가는 풀벌레들 운항음(運航音) 따라
골목에 찍어가는 발자국에
뚜벅뚜벅 담기는 기도.

북극성이 엿듣고 있다.

連作詩 | 골목畵帖(연신내 마을버스 3번 종점)

04

저문 여름

골목길, 비에 젖는다.
하늘에 걸려 모과(木瓜)도 젖는다.
전깃줄에 걸려 대추도 풋살구도 젖는다.
떨어진 새끼 감 곁에서 능소화(凌霄花)도 젖는다.
오, 돌틈 채송화도, 봉숭아도
점멸등(點滅燈)처럼.

문득 여름은 저물어, 손톱 끝 봉숭아물이
초승달처럼 걸리던 날.
그 손들어 마중하던, 아스라한
너와의 한 뼘 거리였었나.

드디어는
억겁의 찰나(刹那)이듯 모퉁이로 사라지는
골목길,
비에 젖는다.

連作詩 | 골목畵帖(연신내 마을버스 3번 종점)

05

저녁기도

달
둥글다.

항아리 입구 아득히 먼데
문득,
나비의 소식이 끊겼음을 깨달았다.
풀벌레 소리도 사라졌음을 깨달았다.

추락했던 지구에 몸을 벗어놓고
소리들만을 데리고
자기 별로 올라갔나 보다.

連作詩 | 골목畵帖(연신내 마을버스 3번 종점)

06

열리고 닫힘. 꽃잎의 경계에서

어떤 친구는, 젊은 날 이미 司試 합격,
곧은 길은 넓었고, 큰 부도 축적했다.
엊그제, 긴 투병생활을 마감했다는 부고가 날아왔다.
철렁했다.
종씨라서 더욱 가까웠기에 더 놀랐다.
같은 鄭씨로, 나는 '감무공파'고, 그는 '지주사공파'였다.

그래서 가까웠던 친구 몇이 막걸리 마시고,
서운함을 서로 달래다가 지금 헤어졌고, 헤어지니까
비로소 생각난다.
누군가가 오직 침묵을 남겼다는 것을,
살아있음을 증언하라면서 홀로 저승으로
걸어갔다는 것을.

후려치는 죽비
범종의 긴 타종 한번
그 꼬리 멈춘 누각 아래 섬돌
혹은 천리 밖 청산.
짧게 빛나던 삶과 죽음의 경계에 같이 서 있었다는,
꽃잎이 열고 닫히는 그 순간을 같이 밟았다는.

*

온갖 화두가 승차한 막차의 유행가 가락에 기대어,
살아있는 이름을 불러보며 울컥하는구나.
아들이어서 딸이어서, 거기 있어줘서 너무 행복하다고,
예술의전당 티켓을 챙겨주는 동생,
여름을 같이 보낸 처제 부부가 고맙다고,
화음 멤버들과의 무대는 전율이었다고.

그대와 시를 논하던 청춘의 인연들은 격렬했다고,
덜컹덜컹 흔들리는 마을버스 안에서
오탈자 범벅이지만 여기저기 사춘기처럼 문자를 보내는,
장마철 오늘 밤은 처서.

이승에서는 닿지 못할,
아버지 어머니에게 말 못할 억울함을 하소연도 해보고,
홀로 눈물을 감추기도 해보는,
오늘밤 종점 가는 버스는 나의 우편마차.

連作詩 | **골목畵帖**(연신내 마을버스 3번 종점)

07

적막_寂寞

간밤에 내린 비

숨죽였을 낙화의 군무(群舞)

떠나야할 숙명에

앙탈처럼 바람은 떨었었나

절벽을 때리던 한 계절 사랑의 殘滓로

골목에 남은 점묘화(點描畵)

덧붙이지 못한 말처럼

連作詩

순천만 葉書

連作詩 | 순천만 葉書

01

갈대밭

잊고 있었어
어제, 멀리 이사 간 이의 생일이었다고

서걱 서걱
사그락 사그락 바람이 심장을 베는
순천만의 갈대밭.
내 몸 비벼 할퀴는 노래의 마을

머리 풀어 미치광이였던 사랑이
숨죽이고 있었던
순천만의 갈대밭.
네가 조용히 나이 먹어가는 마을

바람처럼 풀어져
네게 달려가는 나를 느껴

連作詩 | 순천만 葉書
02

가벼운 안부

이제 겨울이 깊어지겠지?
북한산 이마에도 눈은 내려,
미사보를 쓴 채 수척한 생각에 잠기겠지?
입김 서린 창을 지우며,
봄을 기다리겠지?

지난 계절에는 죽고 사는 소식조차 가벼웠었지?
불같은 낙엽처럼 어리석었지?

어느 해
가지런한 눈썹 닮은 기와집 처마 아래였어
준비 없이 만났었지?
쏜살같이 숨가쁘게 손을 잡았지?
준비 없이 떠나간 소식이었지?

늘 희미해지고,
늘 새로워지는 것처럼 그리운 게 어딨냐면서
먼지 묻은 번호를 꺼내
제발, 잠든 꽃밭 같은 어둠을 기다리던 시간.

입김 서린 창을 지우며
마종기의 시집을 꺼내 읽는 서점 구석.
적막(寂寞)이여 오라고.

連作詩 | 순천만 葉書
03

올갠 교향곡 3번

건반의 폭포.
그 여름을 연주하던
네가 떠올랐어.

너무 멀리
떠나간 것처럼
너무 빨리
한 해 또한 갔어.

올려보니, 하늘은 너무 파래 이마 위로 저렇게 깊은데
너 사는 곳은 아직도 폭설이라지.

손차양으로 함박눈 가리며
갈대밭을 향해 사라진
발자욱을 바라보겠지.

빈들의 끝에 서서.

連作詩 | 순천만 葉書
04

나비잠으로

그렇게, 가을도 지나.
겨울 억새 사이로, 흐느끼는 바람이 스쳐.

한 겹은, 순천만 위로 찰랑찰랑 놀아.
한 자락은, 낙안마을로 건너가.
초가지붕에 나비잠(簪)이다가
고드름으로 얼어.

봄날쯤이면, 늦잠을 깨려나.

안젤라, 네가
버들개비 닮은 눈 뜰 때.

[註]

나비잠 : 아기가 팔 벌려 잠든 모양.
나비簪 : 새색시 혼례 때, 머리에 꽂았던 나비모양 비녀. 흔들리는 작은 장식들이 많다.

02

푸른 행성에서

푸른 행성에서

백담사 _百潭寺_

'고요는 가벼웠고 적막은 무거웠지'
저승의 아버님과
이승의 어머니를 생각해보던
어제 이슥한 밤

설핏 꿈속의 달은 높아
백담사 뒷산 정수리 딛고 섰는데,
법고(法鼓)가 달리기 시작했었어
산의 심장이 펄럭이나 했지
운판(雲板)은 하늘로 가고
목어(木漁)가 계곡에 들 때까지 서 있었지

달 하나가 수천만 개로 제 몸을
수면에 방생하는걸 보면서 말이지
그렇게 부숴진 계곡물이 되서서
'죽고 사는 것은 물소리 같아'라시던
말씀 말이지

(2019. 어버이날)

노란 자수

은행잎 하나

정류장에 서 있는데 내 품에 떨어졌다
하르르
누구의 한 생애(生涯)이기에
내게 던져졌단 말인가
버스 몇 대 지나간 뒤에도
어느 걸 타야 할지 잊어버렸다

수척하여 더욱 선명한 엽맥(葉脈)에
흐르고 흐르는 그대 一生을
한참을 한참을 묻고만 있었지

귓볼 발개진 끝에 매달려
봄날 한철 뺨에 흔들리다가
너의 브래지어 앞에 수놓였던
자수 장식이기에 소스라쳤지

속으로 한번 울고 크게 숨을 들이마셨어
그리고는 크게 내쉬고
버스를 타고 떠났어
언뜻 풋잠에 들었어

풋잠 사잇길에서 만났었나
가슴을 베어내고도
천사였던 그대였는지도 모르겠어

그 은행잎 하나

산토리니

어느 낯선 마을로 가는 거야
이름 없는 화가들의 채색이
담으로 늘어선 골목길로

오후의 각도로 약간은 비스듬하게
햇살이 누운 골목길로

가서, 이 골목 기웃 저 골목 기웃
어슬렁거리는 거야.

그대의 재잘거림과 웃음도 졸졸 따라올 것만 같은,
꿈속인지도 모르겠어.
가고 싶다던 산토리니인지도.

그곳 햇살의 기울기와 두께는 어떤지 궁금해.
바다에서 불어오는 바람인지
혹은 산에서 내려온 바람인지
혹은 미역냄새가 배거나
산찔레 향기 은은히 배어 있는지 궁금해.

조용히 걷는 네 발길 따라
흔들리는 그 치마는
무슨 꽃무늬가 피어 있는지 궁금해.

꿈처럼.

푸른 행성에서

귀에 남은 그대 음성

저 단풍나무 좀 보세요.
바람이 가을을 부둥켜안고 화염 속에 몸을 던져요. 다 타고, 타고 또 타서, 아무것도 존재하지 않는 불길이 활활 넘실댈 때까지요. '공허로 가는 존재'를 바라보고 있자니, 제 눈도 뜨거워집니다. 눈물이 나는 건지도 모르겠어요.

그녀를 만난 날은 성냥이었는지도 몰라요. 성냥불을 확 그어댄 거랍니다. 그렇잖아도 그를 향해 충만해 있었던 '인화물질'이었는데 말이죠. 그렇게 밖에 표현이 안되네요. 제 영혼을 불사른 사랑을 닮아, 단풍나무는 아직도 저기서 머리칼 헝클며 붉은 바람을 한없이 품고 있는 거라.
이승에서 다 타지 못한 것들은, 그루 아래 수북히 쌓여서 저승의 '잉걸불'로 풀풀 날리고 있어요. 화로에 담겨 일렁일렁 빛을 발하는 숯덩이들의 심장 고동 말입니다. 그 심장은 그날의 '나'였고 '너'였던가요? 혹은 '그대들'일지 '우리들'일 수도 있고요.

처음 말없이 걸었던 날은 달빛이었습니다.
가로등도 변변치 않았던 시절의 그 골목에 넘치고 출렁이며 골목 담장에 부딪혀 파도쳤었어요.

두 번째는 사철나무 아래 햇살이었고요. 가지 사이로 빗살처럼 갈라져 물결지던, 봄날을 어깨에 받고 정물(靜物)처럼 앉아있던 모습. 선연한 인화지로 각인(刻印)되어 있습니다.
몇 가닥 흘러내린 머리 올과 볼우물도 선명하게 그려낼 수 있습니다.

세 번째는 처음 같이 교외로 나간 날.
'운명의 예감'을 느낀 날이기도 합니다. 산기슭 토끼풀들이 카페트처럼 깔려 있었고요. 그를 만나면서부터 항상 깨끗하게 접어넣고 다니던 손수건을 옆에 펼쳐 주었습니다. 제 곁에요. 예. 그래요. 종전까지는 마주 앉아서 얘기하거나, 반걸음 정도는 떨어져 다녔거든요.
"싫어요. 네 잎 클로버 찾을 꺼예요."
이리와 보라고 불러도 아랑곳하지 않고 풀밭 이곳저곳으로 고개를 숙이고 고양이나 강아지처럼 사뿐거릴 뿐.
"아. 찾았어요."
탄성이 맑은 유리같은 공기를 깹니다. 그제서야 다가옵니다.

초록풀 위의 '작은 왕좌'인 손수건을 향해.

작은 발걸음. 몇 발자욱 안되는 거리인데요. 긴장이 담긴 듯, 주저주저하듯, 올까말까, 어쩐지 다가가지 말아야 할 것만 같은, 가까이 가면 다시는 되돌아갈 수 없을 것 같은, 아니, 가야만 하는 것처럼, 가지 않으면 영원히 올 것만 같은 운명인듯, 수줍어하듯, 옵니다. 어쩔줄 몰라 하는 심장소리도 들릴 듯합니다. 주변공기가 그와 동화하여 파장(波長)을 일으키고 있거든요. 느끼는 사람들끼리는 그 순간이 또렸히 공유되는가 봅니다.

다가와 앉는 그 모습은 뭐랄까,
불듯말듯 봄바람? 모이를 발견한 병아리가 조심조심 한 다리를 내밀듯? 떨어지는 꽃잎의 속도? 곁에 살포시 치마를 펴고 앉은 그녀의 옅은 향내가 스며오는데, 안개비의 속도? 첫눈의 속도? 저녁노을 가르며 비행운을 만드는, 첫머리 하얀 점의 속도? 다가와 앉는 순간부터는 왠지 서로가 말을 잊었습니다. 괜시리 서로가 입이 마르고요. 서로가 딴전만 핍니다.

"왜 말이 없어졌어? 갑자기."
"치이~. 자기도 그러면서요. 뭘."

침묵을 깨는 내 말에 한마디 대꾸하며, 낼름 작은 혀를 쏙 내밀었다가 황급히 감춥니다. 나도 처음 들어보고, 자기도 얼결에 내뱉은 '자기'라는 단어에, 나는 으쓱하고, 그는 속마음을 들킨듯 당황해서 다시 침묵 모드 돌입입니다. 어색함을 깨려는듯, 작게 움추린 그녀의 어깨에 팔을 얹어봅니다. 그는 고개를 숙일 뿐 힘이 없습니다. 나도 당깁니다. 나도 모르게 그의 볼을 향합니다.

"딱 한번. 한번만요."
들릴 듯 말 듯, 쥐죽은 소리로, 숨 쉬듯 말하고는 눈을 감아버립니다.
빨개진 볼. 말없이 끌어안는 포옹 속으로 순응해 옵니다. 천리를 날아와 쉴 곳을 발견하고 내려앉은 나비. 천천히 내려놓는 무게인지 몰라요. 그 찰나(刹那)에 당겨진 불의 씨앗.
빛은 불길로 자라 서로의 가슴에 저기 불타는 단풍이 되고, 불길을 부채질하는 바람이란 말입니다. 우리 인생이 '단' 한번 뿐이라는.

바람은 영원하니,

끌 수 있을 거라고 입김을 분다 해서 그 불길이 잡히지 않겠네요. 단풍나무 아래의 이 뜨거운 마음은 아마도 첫눈도 지나, 어느 날에 폭설이 내린다면 꺼지려나요. 모든 그리움과 애타는 마음이, 순백(純白)의 기도 아래라면, 그제서야 잠들겠구나 하고, 화염(火焰)에 휩싸인 내 눈이, 1970년의 어느 봄날을 바라봅니다.

푸른 행성에서

가을 아침

전화번호를 검색하다가
문득, 엄마 번호가 보였다.
지울까 말까 한참 망설였다.

전화를 걸면 받으시려나.
천국에 통신선이 깔려있는지.

엄마 목소리라도 남겨둘 걸.
마냥 해맑으셨던 미소가
새삼 그리운 가을 아침,
투명해서 슬픈 한때다.

동구나무 아래 I

달달달 복사꽃 그늘을 박음질하시던
툇마루.

계모셨던 시어머니에게 들킬세라
몰래 퍼낸 보리쌀 한 되로 바꿔
재봉틀 아래 숨겼던
참외 두 개.
십 리 길 학교에서 돌아온 제게 살짝 주시며

생일이구나 옷은 담 추석에 꼭 사줄께

씨익 웃으시더니
조용히 대문밖 동구나무 밑으로 나가셔서 그림자처럼
서 계시던,
청포로 머리 감은 이튿날이었지.

그 동구나무 지친 껍질 같은 나이가 되니
이제서야 은은히 깨우친다.
참외처럼 향긋하던 사랑이
참외처럼 맑고 동글한 엄마 어깨가
거기 나무 아래서 아지랑이처럼 흔들리셨던 날이
내 생일이었던 걸.

동구나무 아래 Ⅱ

동구나무 무성하던 여름 옷이
현란한 가을 무늬로 바뀌기 시작하면
모레 글피쯤이 추석.
그 아래 엄마랑 서서
추석빔 사달라고 칭얼대던 코흘리개.

담 설 때. 담 설 때 꼭 사줄께?
저번 생일 때는 추석에 사준댔잖아.
그러지 마. 아부지가 오시면 물어보자.

혼내다 타이르다 아무 말 없으셨다.
텃논 건너 먼 장마루길
타관에 계신 아버지가 명절 때나 행여 오시려나
아득한 황토길에만 눈길 보낸 채

그 눈매 아래로
느티나무 잎새는 벌써 낙엽을 만들어
떨어지기 시작했었지.

그 엄마가 세상에 아니 계시고서야
미소로 우실 수도 있었다는 걸 알겠다.
웃음으로도 눈물을 흘리실 수 있으셨다는 걸
이제서야 내가 울어보니.

삼우제 _三虞祭

똑똑똑. 어머니가 계시던 방 앞. 대답이 없다.

빼꼼 열어보니 빈 방. 상기 남은 이불의 체취만 흘리시고, 당신의 삼우제를 지내러 선산에 홀로 가셨나. 아니, 애초에 없던 사람이셨는지. 애초에 없는 방이었는지도 모른다.

나를 키우고 지켜준 생애(生涯)는 바람이었나. 그 투명함이 한없이 고운 처녀의 형상으로 변했었나. 살구꽃 그늘 아래 엄마였었나. 이제는 흙의 형상이 되어 황토 빛으로 땅 속에 스미셨나. 볼 수도 만질 수도 없는 까닭조차 사라졌기에, 머문 곳이 사라졌기에, 그가 걸친 청춘도 없었고, 눈물과 한숨도 존재하지 않았었고, 기쁨과 절정도 이승에 없었나.

가래 끓는 숨소리도 한번 없이, 고통으로 일그러진 표정의 순간도 없이 가시다니. 한없이 가벼워진 몸에 걸쳤던 삶을 조용히 강에 흘려버리시다니. 긴 이야기들을 말없이 들려주시며 침묵 속으로 한 생애를 데리고 들어가시다니. 함박웃음 지으실 때도 소리가 없으셨던 걸 보면 분명 햇살이셨지. 그렇지.

봉분 앞에 절하는 나 또한 바람의 어머니를 닮으리라. 세상 떠다니는 바람이 되었다가, 사랑의 이름으로 햇살의 형상이 되리라. 그리하여 흙의 형상이 되리라. 술을 뿌리고 시퍼런 속울음을 꾹꾹 누른 가슴을 거두어 내려오니, 울던 나는 어디 갔는가.

설핏 치마자락 소리에 놀라 돌아보니 환청(幻聽)처럼 작별인사를 주신다.

바람 속에서, 분분(紛紛)하게 흩어지는 눈. 마른 강아지풀 위에 녹는 눈이 되는 삼우제날.

> 푸른 행성에서

말구렁

대처에 나가 계신
아버지가 오신다는 날
맞은편 밀리 선처럼 흐르는
말구렁 고갯길에 시선을 꽂고
이쪽 언덕받이서 기다립니다.
학교서 배급 준 분유 봉투를
얼굴 하얗게 털어넣으며

깨알만한 점이 나타납니다.
아빠다.
금세 알아보는 신기함
가쁘게 뛰는 맥박처럼
쏜살같이 이쪽 언덕에서 달려 내려갑니다.

하강하던 조롱이새끼가 상승하듯
생긴 가속도에 힘을 보태
말구렁을 올라갑니다.

그렇게 반갑건만 아버지 앞에 우뚝 멈춰
부끄럽기만해 고개 숙입니다.
아빠 보고싶었던 마음을
어찌 표현할지도 모르니
고무신코 속의 때 낀 발가락만
옴지락 꼼지락

잘 있었지?
쓰다듬어 주시던 손이
커다란 부채 같았던 느낌

그늘도 바람도 주시던 그 큰 손
크게 껴안아주시고 크게 방향도 알려주시던 손을 잃고
오늘도 헤메는 고아.

황매화

골목이 궁금하다
담 너머 쏘옥 내민
황매화 말간 얼굴.
막내 동생 자랄 때까지 살던
집 담장에 붙어 피던 꽃.
그 아래로 아버지가 만드신 화단
이런저런 꽃도 나무도 가꾸시고
전지가위로 다듬기 좋아하셨다.

앞쪽 깎으면 뒤쪽 튀어나오고,

뒤쪽을 치고 나면
옆이 튀어나오고,
옆을 다듬고 나면
드디어는
풍채 좋던 사철나무가
조막만한 얼굴 크기로 줄어든 걸 보시고
계면쩍게 웃으시던
아버지 땀방울 냄새.

저 황매화 얼굴 보니
떠오른다.
그 마당과
씨익- 순진하시던 미소.

다시는 볼 수 없는

바람의 화석

비 내리는 날이 눈물겨운 건
눈물겹던 그날들을
그날의 눈물겹던 사람들이
눈물겹게 바라보던 때문이다.
그 위로 바람이 일고 지나가고 잠들기 때문이다.

눈물겨움의 화석을 넘겨본다면 알리.
고해실에 하루를 있어도, 아니 평생의 고해성사도
부족함을.
벌집을 부수고 참새 알을 훔쳤으며, 심지어는 풍뎅이 목도
비틀고 잠자리 날개도 함부로 잘랐던 너.
작은 생명이라고 사소한 고통이 어디 있으랴만
사람에게 저지른다면 더 몹쓸 짓.
내게 사랑을 고백하던 여인에게 냉소를 보냈던 오만의
나날을,
살아온 날보다 부족해지는 이제서야 뉘우치는가 말이다.

우렁차게도 힘껏 울부짖는 손자를 보면
늦은 나이 되어서야 발버둥쳐 울고싶고 천둥처럼 참회하고
싶건만.

그저 사무칠 뿐

상처의 화석을 넘겨본다면 알리.
함부로 노한 자리에
그리움이 돋는다는 그리움이여.
그 눈물과 기쁨이 사라진 자리
똑같은 그 눈물 그 기쁨의 새순 돋고
또 지고 또 다시 살아 죽어도,
살았음을 증명하는
그리움의 화석이 나온다.

그리하여
비오는 날은 사선(斜線)
눈 오는 날은 낙화(落花)로
원뿔 닮은 가로등 아래마다 크리스마스 트리처럼 삼각
불빛이 내린다.

그리하여
가난한 나의 식탁에는 언제나
탄생의 소식을 전하는 마음이 차려지나보다.

기억도 할 수 없는 젊은 새댁이었을 내 엄마여
나를 꼭 품에 안아 젖먹이고 재우던
그 시절의 정화수를 기억하라고
비는 그렇게 오고 있다.
바람이 이는 곳으로부터 바람이 잠든 곳까지.

푸른 행성에서

선영이

딸 친구 선영이. 그애 신랑이 얼마 전부터
돌이킬 수 없는 병에 걸렸다.
선영이 아들은
아빠 아프신 후부터
갑자기 말도 안 듣고
집에서 너무 쿵쿵 뛰어다닌단다.

선영이가 어느날 붙잡고 혼내니
아들의 뼈아픈 대답.
"엄마. 조용히 있으면, 너무 슬퍼질 것 같아요."

종점인데, 제 친구 선영이 소식을 딸이 문자로 올렸다.
초등학교 1학년짜리의, 그 아빠가
하늘나라로 갔다는 문자.
아. 세상에는 슬픈 이별이 너무 많구나.

쿵쿵 뛰는 것도 멈춘 아들 곁에서
기도마저 사라졌을 네게
울지마, 힘내라는 인사말은 사치.
네 잠이 사라진 종점의 밤.

푸른 행성에서

찬란한 한나절 I

낮은 곳 새털구름은 북쪽으로
높은 곳 뭉게구름은 남쪽으로
두 구름층이 높낮이 시(詩)처럼 흐른다

그 사이 빛나는 비행기 한 점
깊은 바다를 동쪽으로 가르는
궤적(軌跡)

숲의 활주로에 착륙한
비행운 그림자
여치 소리로 숙성되는 한나절.

찬란한 한나절 Ⅱ

벤치에 눕는다.
참나무 큰 키 소나무 높은 가지 너머
아득한 끝까지 더 깊어진 하늘을 본다.

입추 처서 지난 바람이 달린다.
푸른 호수에 발 담그던 숲이
물장구 친다.

채 썬 햇살은 소나무 잎들 위에서
수제비 뜬 햇살은 참나무 잎들 위에서
숨 가쁜 물방울들로 깔깔대는 한나절.
아
나의 삶은 찬란하구나.

푸른 행성에서

빛나는 그 얼굴

이른 산속 홀로 앉아있는 벤치를 만났다.
간밤은 무엇으로 비움의 미학을 채웠는가 궁금하다.
밤새 올려다보았을 시선 따라
숲의 어깨 위까지 눈길를 올려 본다.

숲은 아직 어둠의 겉옷을 벗지 못했지만,
높은 곳에는 금빛 웅켜쥔 눈동자들
서로 마주하며,
기쁜 안부들로 빛나는 얼굴로 흔들고 있다.

그렇구나.
샬롬.
신의 선물인 사소한 안부를 나누는 자들은
투명한 얼굴, 거룩하게 빛나는 얼굴을 지니고 있구나.

소묘 _素描

열차의 창밖으로 어둠 내리면
스치는 도시들의 실루엣도 선명해진다.
문명의 별빛들이 지상의 등을 켤 때
강만은 하얗게 빛난다.

미호천이, 부강역 앞의 금강이,
차례로 은빛을 이끌고
초승달 눈썹 아래
먼 산 밑의 어둠으로 흘러간다.

긴 시간의 깊이가 만드는 대비
어둠이 만드는 경이의 빛이다.
오래 흘러왔고
오래 침묵해 왔기에.

불면 _不眠

밤의 끝에서 물어보았네.
아버지의 밤은 어느 혹성의 푸른 밤으로 흘러가셨는가를.
엄마 잃을까 달빛 헤치던
의원 부르러 평생 울며 달리던
어린 밤이었는지. 그리하여 그밤이 이별이었던 눈물의
강을 어찌 헤쳐가셨는지를.

엄마의 시간은 어느 시간을 따라가셨는지를.
배반마다 사랑으로 녹이던 강이었고
사랑이 떠나는 새벽이 오는 걸 언제나 마음졸이던 여명.
영영 이별이 있고서야 울던 첫닭 울음 멈추던 삶.
드디어는 자신에게도 마침표를 찍고 내려가던 시간의
계단에 대해.

칠흑의 절벽에 닿은 골목 끝 문패 앞
손잡이가 없어 밀지 못한 채
물소리가 되어 아득하게 물어보았네.
돌아갈 수 없는 빈들로 서서
물소리가 되어 아득하게 울어보았네.

열리지 않는 견고한 흔적아
시간은 절규이거늘
시간은 왜 고요한가고

시간에 기대어

바람에 눕는 괭이밥의 푸른 등이 멈추었다가 다시 흔들릴 때까지
그들이 말 걸어오는 뜻을 알아채려고 숨죽이고 응시하는 시간.

갑자기 내린 소나기로 유리창이 흘리는 눈물을 보다가,
갑자기 나타나 먼 산에 걸린 무지개에 탄성이 솟는 시간.

긴 여행에서 돌아와 잠이 밀려오는 시간.
혹은, 며칠 휑한 집이었는데 아내가 돌아와 옆에서 곤하게 자는 숨소리 듣는 시간.

작별인사 후 돌아서자 막 시작되는 저녁노을 배경으로
파르르 떨다가 켜지는 가로등들의 시간.
그날. 무너진 울음 눌러 담고 텅 빈 어둠의 성전에
들어서자 한없이 쏟아냈던 시간. 그 다음 화안해지던
적막의 위로 위에 한없이 앉아 있었던 시간.

싸락눈 쓸려간 빈 거리, 따스한 실내의 큰 유리창
곁에서 바라보는 시간. 파바로티의 멈추지 않을 것만 같은
high-c음이 사라질 쯤 떠오르는, 언젠가의 귀가,
언젠가의 여행 끝에 닿았던 낯선 마을이 떠오르는 시간.
밤새 내리던 함박눈 멈춘 아침. 푸른 하늘과 흰 미사보의
먼 산등성. 한없이 바라보던 커피 향기의 시간.

긴 글을 적다가 드디어 마침표를 찍었을 때 흐르던
베를리오즈의 레퀴엠. 그 마디마디 사이 숨겨진 듯 희미한
심벌즈를 듣는 시간.

푸른 행성에서

詩의 막차

지하철 막차를 기다리는데
詩가 서 있다
詩가 서 있는 벽에 또 누군가가 그림자로 서 있다
그림자가 유리벽 안에서 여기를 바라보고 있다
그 곁에 또 詩를 읽고 있는 누군가가 서 있다

아마도 내 삶의 곁에
내 운명의 뒤에
항상 누군가가
詩처럼 서 있었는지도 모른다

누군가는 살에 대한 분노를 얘기하고
누군가는 뼈에 대한 분노를 증언하지만
막차는 언제나 그 시간에 온다.
남아있는 삶을, 마지막 詩를 태우고

붐비는 어깨들을 비집으며,
혹은 타지 못한 고통을 남기고 내린다
집앞에 서서 비번을 누른다.

꾹꾹 번호마다 통증이 손끝에 전달된다
당기며 그대여
詩의 이름을 부른다

진관사_津寬寺에서

어둠이 옛 이야기처럼 번지는 일주문(一柱門)에는
공기마저도 생각에 잠겼다.
세심교를 건너면 귀마저 투명해진다.

적막(寂寞)에서 진리를 얻은 듯 노송(老松)은 엄숙하고,
곡선으로 정렬한 처마와 단청 위로 검은 기와들은
하나같이 선(禪)에 들지 않은 것이 없다.

처마 아래 주렴처럼 내려진 주련(柱聯).
흰 그림자에 새겨진 푸른 양각(陽刻)은 돌아가라 떠민다.

여기 아무 것도 없으므로.

푸른 행성에서

오월 아침

오월 아침.
커피숍 파라솔 아래야.
테이블 한쪽 작은 달력
백양나무 숲에 잠긴 새가 보여.

눈을 들어 손차양 너머 여름을
딴 세상처럼 바라봐.
건너편 신호등에 푸른 눈이 떠지고
운명들이 헤엄치고 오가고 있어.
베르메르의 소녀도 지나가
네 진주귀고리가 떠올라.

강변처럼 출렁이던 올갠,
바흐의 건반에 서 있던 그 손매는 아득하고
등나무 그늘 닮은 마음이 가늘게 접혀.

먼 메아리처럼,
파가니니가 풀씨처럼 다가와서
햇살조각이 슬며시 스며든
백양나무 숲의 새를 흔들어.

푸른 행성에서

푸른 밤

어둠은 아주 먼 곳 산갈기부터 밀물지는가.
깊은 산사(山寺)의 풍경(風磬)
그 허리의 울림도 감아오는가.

행성마저 날개 접어 내려놓고, 그림자여
영혼만 흘러가는가.
굵은 톤의 성악가 닮은 불꺼진 도심
나직한 해풍(海風)에 실려가.

신호등 아래, 허물 벗은 채
소리 없이 듣고 있던 낯선 운명들이
길을 넘고 사라진 자리
선하게 고여있던 초록빛은 눈감아
운명처럼 푸른 밤 풍경 속에
내가 서있네.

미역처럼 검은 깃발 펼친 설악이
저만큼 물러서 있는,
여기. 해안 도시.

푸른 행성에서

파가니니 주제에 의한 Rhapsody

청해진의 청보리 위를 격렬하게 쓸고 가는 바람들의
뒤엉킨 파도.

흰 건반이 올리는 푸른 맥박의 돛폭.
검은 건반에 솟는 미역과 풀내음의 춤.

침몰할 듯 비상할 듯 전율의 지휘봉 따라,
'나짐 히크메트'의 먼 미지로 떠나는 관현악의 범선(帆船).

가장 넓은 바다는 아직 가지 않았고,
가장 먼 여행은 아직 시작되지 않았다던

[註]

나짐 히크메트(1902~1963) :
터키의 세계적 대시인. 공산주의자라는 이유로 28년형을 언도받고 무려 12년간이나 감옥에서 지낸다. 갇혀있는 긴 세월에 쓴 그의 시는 50여 개 국어로 번역되어 사랑받았지만 조국 터키에선 국적이 박탈되고 1965년까지 시집이 금서였으며, 그의 시를 읽는 사람까지도 공산주의자로 매도되었다. 그러나 2000년, 50만 명의 터키 시민이 청원서에 서명하고 노벨문학상 수상작가 '오르한 파묵'이 '히크메트'의 문학을 재조명하는 글을 발표하면서, 그의 국적 복원을 촉구하는 지식인들 목소리가 높아졌다. 그제서야 터키 정부가 58년만에 죽은 후의 복권을 결정했다. 그러나, 유해는 아직 모스크바에 남아있는 비극의 시인.

풋 사랑

어젯밤 숲에 일던 바람의 거센 유혹
몸부림치던 초록 밤송이들이
우수수 떨어졌다.

저절로 익어 가슴 열기까지는
풋사랑을 들키지 않으려고
푸른 가시가 솟았나.

한정 없이 다가오는 바람을 막고 찔러
바람이 흘린 바람만을
정신없이 스며오는 햇살을 막고 찔러
햇살이 흘린 햇살만을 품어

바람의 애무 햇살의 고백을
안으로 안으로 품어
계절을 흘러가려더니.

노을을 건너

저녁 노을.
낮에서 밤으로 가는 낭하다.
새들의 부산한 날갯짓들,
놀이터에 시끄럽던 아기들도 노을을 밀고 들어갔다.
짙은 커튼이 서서히 내려지고,
커튼 위에 뿌릴 별들도 한 짐 들어간다.

새벽노을.
밤에서 아침을 여는 커튼이다.
은하수가 사라지고,
깊은 숲 으르렁대던 짐승의 잠이 나간다.
온갖 꽃들이 들어오고
새소리가 들어오고
온갖 문명들이 들어선다.

노을을 열고 들어온 것들은
노을을 밀고 사라지고
그렇게 인연도 운명도 또 다시 오간다.

朗月里에서 _'바랭이 풀꽃' 시인 한철수에게

'낭월리'에 잠시 밤을 풀었던 청춘들이었어. 빈손의 심장에는 풋내 가득했었지. 그렇구 말구. 아파서 철없었거나, 철없었던 사랑이기에, 기침하던 마른 아궁이 앞. 그 달밤의 돼지막은, 뭉개진 관절을 닮은 계곡 아래 있었지.

검은 돌더미 위. 주검처럼 덜컹거리며 부서지는 달빛은 눈부셔서 무서웠지. 도망갈 수 없어서, 잔의 예리한 모서리를 통곡처럼 삼키며 나누었을지도 모르지.
광기로 포장된 폭력이 난무했다던 시대의 입구처럼, 미친 눈빛의 점으로 찍힌 그 방은.

거기 그렇게, 우리는 숨어서 문틈으로 보았어. 원한조차 잃어버린 냉기였을까. 거기서 쓸어내려온 바람 아래서의 남루한 네 눈물, 늙은 뼈에서 흩어지는 벚꽃의 만개처럼 바람은 처마를 깨물었어.

아무것도 아닌, 아무것도 아닐 수밖에 없는 우리들의 증거. 야윈 등을 어깨동무로 껴안으며 건너왔던 능선, 해돋으면 헐벗은 봄바람으로 서서 바라보았다네.
까닭 없이 울고 싶던 보리 이랑은 간밤 꿈의 부활, 초록 지느러미 따라 굽은 농로에 서면, 우리 머리칼 위로, 계절은 왜 그렇게도 눈부셨던 갈기였던가.

친구여.
반석에 새긴 글마저도 마모된, 망각의 비석을 덮은 성근 마른 풀이여.
아는가.
석탄가루를 뒤집어 쓴 듯 검게 휘날렸던 머리칼의 시대를 건너온 피멍이여.
기억하는가.
혹한의 처마 아래 만두집 가게의 하얀 김을 바라보며 악물었던 겨울의 공복을.

돌아올 수 없다는 이의 뒷모습을 따라, 긴 이야기의 변방으로 떠난 '낭월리'에, 지금도 달이 뜨면 펄럭인다는.

푸른 행성에서

김기창(노동자 요셉) 신부님

언제나 홀로인 분.
길은 언제나 홀로이기에
늘 그길이 되어 우리 앞에 홀로 열려있는 분.

길의 곳곳 갈래마다 구비마다,
아픔과 눈물로 등굽은 이의 어깨에
말없이 그림자 없고 미루나무로 서 계신 분.

심장에 박힌 슬픔을 안고 그 품에 왔다가
아픔을 다 풀어놓고 떠나는 이 등 뒤를
언제나 바람처럼 고요히 떠미시는 분.
안 보일 때까지 기도처럼 바라보시는 분.

홀로인 길
홀로인 나무
홀로인 기도로,
언제나 어디서나
모든 이 등 뒤에 계신 그 분.

[註]
'김기창(노동자 요셉) 신부님'은 현재 천주교 수원교구 인계동 성당 주임 신부님이시다.

03

연원한 찰나

영원한 찰나

담쟁이

어떤 그리움이길래

한 땀 한 땀

바위에 살을 꽂는

운명의 박음질

하지만 끝내 닿지 못한 하늘.

손에 잡을 수 없는 숙명

품에 담을 수 없는 운명

어느새 네 뒤에 초록바다로 품었구나

넝쿨

섬섬옥수(纖纖玉手) 뻗어

온 생의 끝을 걸고 허공을 부여안다

잡지 못해 울부짖던 전생(前生)의 인연이

먼 먼 윤회(輪回) 끝 바람으로 돌아 왔는가

영원한 찰나

단풍

아. 정말, 이래도 되는가.

─

너는 불타는데,

나는 춥다.

火 印

눈이 내린다.

동백의 붉은 화인(火印)도

묻혔다.

난이 피었다.

"부질없는 문명사

이 순간 모두 무죄(無罪)."

영원한 찰나

낮은 곳으로

지하철 경로석.

키 작은 할머니 한 분이

조용히 사이에 끼어 앉는다.

온 가족에게 키마저 다 내주셨는지

낮게 낮게 가라앉은 모습.

드디어는 그들의 거름이 되려고

땅으로 땅으로 가까이 가려는 듯.

> 영원한 찰나

小雪 아침

한때는 연초록 새순이었다가,
햇살과 바람과 뒤엉켜 초록 물결로 출렁이는,
미치광이 청춘이었다.

화려한 색채로 장엄한 낙하의 한철을 보낸,
소설(小雪) 아침.
서리 엉긴 마른 몸을 웅크린 채 '대설주의보'를 기다린다.

더 낮은 곳으로 임해야만,
흙으로 썩어야만,
뿌리에 닿아야만
수맥(水脈)따라 다시 오를 날.
비상(飛翔)을 꿈꾸며.

영원한 찰나

머리말

모든 것이 선명한 새벽.

교회 첨탑의 십자가.
나무들 빈 가지들이 만드는 다양한 선과 굴곡과
새봄을 준비하는 촉.
굵고 가는 전기줄과 공사장에 높게 솟은 크레인.
어느 집 옥상의 빨랫줄.
여명 아래 먼산의 능선 등등의 분명한 실루엣.

그것은 모든 것들의 '머리말'.
혹성의 새벽이 주는 모든 서문을 읽는
고귀한 이들의 사색.

함몰 _陷沒

비가 오려나
강한 바람이 벚꽃 가지들을 헤집고 뒤흔들며 지나간다.

분분하게 날려 떨어지는 나비떼.
한철 불같은 사랑의 종언.

쌓인 발 밑도 한바탕 휘돌아 쓸어간다.
바람이 멀리 사라진 후, 움푹 패인 곳마다
때아닌 함박눈이 고인다.

지천의 꽃잎 무덤 보니 그립다.
눈송이들 가지 사이로 손차양 올려
먼 곳 바라보던 그대
눈매.

영원한 찰나

선_禪으로 들어가는 자

비 개인 날 아침 가을 산은 더욱 투명(透明)해

훌훌 허물 벗은 숲의

마른 잎 향기는 높구나

해가 낮아지는 계절 속으로 떠나는

현자(賢者)들이 밟고 갔나

사리처럼 빛나는 색채의 향연들

초혼_招魂

어린 옥수수순이었다.

어느덧, 서걱서걱 말달려 떠난

바람 자리의 이랑은

눈덮혀 적막(寂寞)인가.

끝몰라 아득한

찰나(刹那)의 음표로.

푸르른 그대 아이가 커서

나를 그렇게 노래하리라.

> 영원한 찰나

별 헤는 밤

한번의 입맞춤

그것은 긴 기다림과 그리움의 화인(火印)

한번의 스침

그것은 어느 운명을 관통할 출범(出航)의 돛폭

한 단어로 시작되는 긴 이야기

한 걸음으로 시작되는 긴 여행에 대해

한 송이 꽃과

별의 항적(航跡)에

귀기울여보는 저녁.

영원한 찰나

꽃들이 피는 까닭

놀이터 아침 마실 나온 아기 곁엔
어제 밤비로 막 세수한 배롱나무
배시시 웃는 분홍 얼굴이 해맑다

아기 엄마가 내게 웃으며 인사를 보내더니 아기에게도
청한다
"아가. 할아버지에게 인사해. 안녕하세요" 하고

누구를 마주하든
그저 까만 눈망울에 웃음이 가득하고
그걸 보는 엄마 웃음은 더 풍성하다

아기 엄마 얼굴에서 울 엄마 떠올린다
없어진 옛 골목. 아기인 나를 앞세우고 아장아장 시킬 때
얼마나 자랑하고 싶고 행복하셨을까

아기 미소며 걸음마마다
자꾸만 터져 나오는
배롱나무 분홍 웃음
새벽 메꽃 푸른 웃음
이팝나무 하얀 웃음
저녁 분꽃 노란 웃음

웃음들이 종일 솟는 걸
폭죽처럼 자꾸만 터지는 걸
그렇게 꽃들이 마구마구 피는 걸

영원한 찰나

별꽃 Ⅰ

봄 한철 펼치는 키재기.
초록 새순들이 사이로 나직하게 엎딘 별꽃.
보이지 않다가 한번 눈에 뜨이면 저요 저요
요란하게 손드는 물결이다.

별이 내려와 앉았기에 별꽃인가.
별로 올라간 자리 그림자로 남아 별꽃인가.
떠오를 듯 사라지는 아버지 미소.
맡아질 듯 사라지는 엄마 체취.

누구나 가진 가슴 저린 백의민족.
한들이 무념으로 녹은 듯
초록융단이 기도를 품었다.

어쩌면 포말.
어쩌면 은하수.
점 점 점
미사보.

영원한 찰나

별꽃 Ⅱ

마당 한쪽을

소문도 없이 점령한

별꽃.

일찌기 그대가 내마음을 앗아간

그 순간은 점으로 박혀

바람 아래 고개를 젖네.

모른다고

잊었다고

복수초

비록 떠나더라도

작별은 하지 마.

모든 빛이 사라져

겨울 속 긴 잠속에

나를 버려두었건만

네가 두고 간 눈물 한 줄기

눈 속에서도 노랗게 솟아났거든.

영원한 찰나

애기똥풀

점으로 졌었어
지난해 봄밤은

그리하여, 바위틈 겨울은 짧았고
사월 봄바람은 서둘러 왔었어
이별로 짧았던 동면을 깨웠어

말로, 노래로 풀 수 없는
까마득한 날의 그리움
해마다 초록치마를 펼치고
춤사위로 애타는데

아무도 눈길주지 않는 한구석에
잊혀진

네
노란 미소

노루귀

너는 어찌 그리 너그러운 허리를 가졌길래, 낮게 낮게

일어서, 쉼 없이 하늘하늘 눈 맞추며 인사하는지.

너는 어찌 그리 고운 마음을 가졌길래, 신비한 색을

신으로부터 받았는지. 연지곤지 펼쳐 손 흔드는 삼월인지.

태어남이 작별인, 봄날 한 순간이거늘.

영원한 찰나

어느 새벽

봄 알리러

꽃 촉 내보내는

발코니

군자란.

오묘한 색채 머금고

우주의 강물 살결에 담더니

간밤의 깊은 적막 속

홀로 꽃잎 열다.

> 영원한 찰나

망초

어린 나이에는 너무 먼 길.
걷다가 풀섶에 주저앉는 길.
주저앉아 먼지 뿌옇게 앉은 검정 고무신 바라보던 황톳길.
아득하게 이어진 산마루 끝까지
나무 한 짐 팔러가던 이들의 삼베 등걸이 닮은 황톳길.
그 너머 하늘 두둥실 구름 따라 새순 솟던 슬픔이
슬며시 적막으로 스미던 황토길.

생각난다.
할머니 명주 목도리 여우 봄바람 날리던, 그 길 곁
할아버지 먼 마을 친척집 상가 가실 때
풀 먹인 두루마기 펄럭이던, 그 길 곁
이 땅의 아버지 어머니들 넘다가 한숨 쉬던, 그 길 곁
갑자기 소나기 훅 지나가면 황토 냄새 풀풀 솟던, 그 길 곁
어디든 닥지닥지 붙어 하얀 불길로 피는 망초꽃.

망초꽃 무리가 하얀 불길로 번지면 눈물겹다.
저 혼자 있는 듯 어느새 한데 어울리는 빛나는 힘이
눈물겹다.

칠월 땡볕이 쏟는 황톳길을 걸어본 사람은 안다.
모든 무리지어 있는 것들은 따지고 보면
눈물겨운 힘이기에 아름답다는 걸.

跋文

'찬란한 한나절'을 위하여
_정태욱 시인의 '빛'

글_심원섭(前 돗쿄大 교수. 문학평론가)

● **새벽을 지켜보는 사람** ●

새삼스러운 이야기지만 시의 행로와 연륜 사이에는 함수 관계가 있다. 청년 시인들은 타성(惰性)에 지지 말자 외치며 시적 개성을 확충하기 위해 언어와 시심을 혹사시킨다. 당연히 시의 밀도가 높아지고 작중에 긴장이 팽만해진다. 데뷔기 작품들에 호락호락 읽히지 않는 작품이 많은 것은 그 때문이다. 이 노력이 과도하여 시적 형상 전체가 균형을 잃는 경우도 많다. 인생을 보는 눈은 대부분 한쪽만 끝이 날카롭게 벼려져, 혹 그것이 대의명분에 적합한 것이었다 할지라도, 누군가를 해치고 자신을 해치는 경우가 많다. 그 업보는 후일 새벽의 불면으로 찾아온다. 이것이 우리의 청춘시의 영광이자 고통이다.

이 영광도 탈도 많은 청춘시의 졸업기는 대부분 연륜과 함께 온다. 시적 긴장이 팽만하던 자리를 편안한 일상 담화체의 생활시나 지혜시나 달관시가 채운다. 이 '지혜'나 '달관'은 진품에 가까운 경우도 더러 있는데, 진품일수록 세인이나 문단이 그 가치를 알아채지 못하는 경우가 많다. 따지고 보면 문단은 장중년 문학 권력의 파티장이기도 하다. 하물며 모조품일 수밖에 없는 우리 범인들의 '지혜시'나 '달관시'의 경우랴!

불행히도 우리는 연륜이 인간을 완숙시키는 데 필요한 절대 조건이 되어주지 못한다는 사실을 안다.
우리 대부분은 미숙한 그대로 늙어가는 것이고 시도 그렇다. 그래도 많은 시인들이 이 길을 선택하게 되는 데에는 이유가 있다. 장식이나 수사에 들여온 힘을 자신의 생의 본질 탐구에 투입하고 싶어한다. "덧붙이지 못한 말"을 해야

하는데, 시간이 없다. 나이 들수록 시가 쉬워지는 것, 자기 이야기를 서두르는 것, 이것은 생리적 본능에 가까운 것일 것이다.

참으로 오랜만에 두 번째 시집을 펴내는 정태욱 시인은 충청도 시인, 충청도는 곱고 선량한 서정의 땅이다. 그는 이제 70대. 그런데

>   심해로 내려가 모두 잠든 적막 속
>   목마의 시든 일기장에 누워 묻네.
>
>   훑어 잡던 햇살을 풀고 청춘은 한 웅큼 손금이었을 때
>   그리하여 빈 손바닥에 다시 묻네
>   「그대의 엽맥」에서
>
>   내 명치 끝에 예리하던 섬광으로 솟던
>   봄바람은 여우바람,
>   미친바람은 머리 풀어
>   너와 나의 좁힐 수 없는 그 거리
>
>   저승까지도 뻗은 낭하를 쏘다니는
>   들불로 타올라
>   「미친바람으로」에서

보라.
이것은 항용 말하는 노년의 두리뭉실한 생활시편도, 지혜나 달관을 서투르게 표방하는 시편도 아니다. 청년의 그것인 듯한 치열하고 박력 있는 에너지가 있다. 무엇보다도 이곳에 동원된 메타포들은 예리하고 집요하고 끈질기다.
시인이 결벽적인 감각으로 선별해낸 시어와 구와 문장을 동원하여 자신의 서정을 풀어내고 있다는 뜻이다. 언어와 시적 형상을 다루는 철저함과 진지함과 독함, 이 프로 기질이 이 시집을 떠받치고 있는 힘의 하나다.

위에 비해서는 좀더 대중적인 쪽으로 내려온 부드러운 것들도 있다.

먼 산자락 아스라이 물거품 일구는 벙어리
백양나무 숲이었다
내 가슴은
「덧붙이지 못한 말」에서

미역처럼 검은 깃발 펼친 설악이
저만큼 물러서 있는
여기, 해안 도시
「푸른 밤」에서

머리 풀어 미치광이였던 사랑이
숨죽이고 있었던
순천만의 갈대밭.
네가 조용히 나이 먹어가는 마을.
「갈대밭」에서

마음 한 켠이 바로 울렁이지 않는가.
이 육감적이고 젊은 언어! 정 시인이 구사한 메타포는 참신하면서도 적확하여 시의 과녁판을 오래 울린다. 그러면서도 고전적인 서정시의 품격을 잇고 있는 의젓한 풍모가 있다. 첫째 작품군에 비해 훨씬 더 온화하고 대중성도 높다. 다음 시집에서는 이쪽에 좀더 힘을 넣으셔도 좋지 않겠는가.

모란의 계절이라지요?

초록 보리 이랑 펼친 아침의 신록
말간 돌담
햇살 담긴 상큼한 샘물
야생화의 수줍음 너머 노랑 송화 가루
잊었던 이름의 그녀 긴 눈썹
살랑 팔랑 스치던 엷은 향의 어젯밤 꿈

> 덧붙이지 못한 말의 그 꿈처럼
> 모란이 수놓인
> 하얀 치마의 계절이라지요?
> 「모란」

정 시인의 제2시집에는 봄날의 시편들이 많다. 시인은 아마도 계절을 주재하는 누군가에게서 봄 설교를 전담하는 사도(使徒)로 임명된 적이 있는가 보다. 봄에 유난한 애착을 갖는 이는 지고의 쾌락과 지고의 비극을 아는 탐미주의자다.

백모란이라니!
귀족적 탐미주의자 영랑이 그토록 사랑했던 백모란 시(詩)의 정태욱 버전이 위의 「모란」이다. 계절의 절정을 노래한 정선(精選) 앤솔로지 속에 훌륭히 실림직하다.
봄의 비극을 잘 아는 시인인데도 정 시인은 여기에서는 막 개화한 모란만을 등장시켰다. 온통 풋내나고 발랄하고 싱그러운 옛 청춘의 향기, 그리고 본인의 말을 남의 말인양 눙치는 유머러스한 화법도 재치있고 매력적이고 젊다! 아무래도 이 시인의 정서적 기질은 천상적인 것 쪽에 가까운가 보다. 맑고 따스하고 투명하고 가뿐하다. 시의 재미가 극대화되면 이런 시가 나온다.

멋진 시를 만들어내는 능력은 배워서도 습득 가능하다. 많이 읽어도 된다. 천부적인 소질이 있는 것도 좋다. 그중 빠져서는 안 되는 자질이, 시인이 지녀야 할 모종의 의지. 스스로 납득할 수 있을 때까지, 언어나 서정의 샘이 저절로 흘러나올 때까지 사물과 풍경을 뚫어지게 지켜보며 기다리는 그것!

> 모든 것이 선명한 새벽
>
> 교회 첨탑의 십자가
> 나무들 빈 가지들이 만드는 다양한 선과 굴곡과
> 새봄을 준비하는 촉
> 굵고 가는 전기줄과 공사장에 높게 솟은 크레인
> 어느 집 옥상의 빨랫줄

> 여명 아래 먼산의 능선 등등의 분명한 실루엣
>
> 그것은 모든 것들의 '머리말'
>
> 「머리말」에서

이 시인의 언어와 시적 형상이 젊고 생기있는 근본적 이유가 여기 있는 것이 아닐까. 생명과 비생명을 포함한 세상 만물은 일순도 한자리에 머물러 있음이 없다. 시인은 시시각각으로 외곽이 분해되어 증발해가는 이 사물들의 실루엣을 집요하게 쫓는다. 하나의 사물, 혹은 모종의 전체가 들려줄지도 모르는 메시지를 듣기 위해.

그것을 포착하여 정지된 언어로 표현하려 하는 시인의 시선에는, 그러므로 정지화(停止畵) 단위로 끊어질 수밖에 없는 속성이 있다. 그러나 새벽의 혹성 위에 존재하는 사물은 감각으로 포착할 수 없는 미세한 속도로 움직이다가 결국 거대한 4차원의 입체, 거대한 우주의 침묵이 되어 버린다.

이 대치 국면에서 세계를 이길 수 있는 시인은 없다. 그래서 한용운 선사는 "알 수 없어요"라 하였다. 정 시인은 "머리말"이라 하였다. 김춘수는 뭐라 하였던가. 바로 이 치열한 대결의 추이(推移)가 시가 된다.
이 집요하고 끈질긴 시적 대상과의 대치(對峙) 정신, 이것이 정 시인의 시어와 메타포를 집요하고 독하고 프로다운 것으로 만드는 기반 에너지가 아닐 것인가.

● 시적 아이러니의 힘 ●

실은 인생과 세계의 일면만 보고 싶어하는 것이 우리다. 사랑스러운 것은 언제까지나 사랑하고 싶고, 증오스러운 것은 언제까지 증오하고 싶다. 옳은 것은 절대 옳고 그른 것은 절대 그르다고 믿는 것이 편하다. 이런 것을 잘 버무려내 성공한 일급시도 적지 않다. 이런 것이 일반적이지만, 어떤 시인들은 양면을 동시에 다루려 하기도 한다. 시로서의 성공 여부와는 별도로 그것이 훨씬 더 진실에 가깝기 때문이다.
다음은 수채화 같은 소품 한 편.

> 어둠이 옛 이야기처럼 번지는 일주문에는
> 공기마저도 생각에 잠겼다.
> 세심교를 건너면 귀마저 투명해진다
>
> 적막에서 전리를 얻은 듯 노송은 엄숙하고
> 곡선으로 정렬한 처마와 단청 위로 검은 기와들은
> 하나같이 선(禪)에 들지 않은 것이 없다.
>
> 처마 아래 내려진 주련,
> 흰 그림자에 새겨진 푸른 양각은 돌아가라 떠민다.
>
> 여기 아무것도 없으므로
> 「진관사에서」에서

상단의 두 단락은 보통사람의 사찰 나들이 노래다. 절간은 영원을 얻고자 하는 영혼들이 사투를 벌이는 수행처다. 그 수행과 진리의 상징물인 절간 건축물과 동선(動線)은 성스럽고 맑은 기운으로 중생의 영혼을 세례한다. 이런 생각은 아마도 타당할 것이다. 이 발상을 공교롭게 다듬어 가면 그것만으로도 시편 하나를 건질 수 있다.

그러나 정 시인은 작품의 기승(起承)에서 자신이 진중하게 공표한 진술을 논리적으로 완전히 부정하는 구로 시를 맺는다. 절간 안에 기대할 것이 아무것도 없다니.

이를, 일주문이나 돌다리나 노송이나 기와 등등, 사찰의 외적인 물질 차원 속에 진리가 존재하는 것이 아니라고 시인이 본 것이라 해도 좋다.

진리란 특정 공간 속에 존재하는 것이 아니라 그것을 보는 인간의 마음 속에 자리하는 것이다, 마음이야말로 진정한 절간이다, 이렇게 시인이 생각한 것이라 해도 좋다. 혹은 절간 속에는 진리가 편재하나 중생인 시인은 그 진리를 맛볼 자격과 능력과 수행 의지가 없으므로 발을 돌리는 것이 옳다고 시인이 생각했다 해도 좋다. 어쨌든 논리적으로는 있다고도 할 수 있고 없다고도 할 수 있는 사찰과 진리와 중생과의 관계를 이렇게 끝맺음하는 것도 맛갈나는 시편 하나를 얻는 힘이 된다. 눈을 돌려 보면 이런 발상은 이 시집의 곳곳에서 확인된다.

> 시간은 절규이거늘
> 시간은 왜 고요한가고
> 「불면」에서

> 그 다음의 빈자리를 마침표도 없이 다시 채우는 초록들은
> 무심하구나
> 여름으로 흘러가는 망각의 속도가 싫다
> 「봄의 망각」에서

> 태어남이 작별인, 봄날 한 순간이거늘
> 「노루귀」에서

그렇다. 정 시인의 말이 확실히 맞다. 고통과 질병과 죽음으로 귀결되는 인생과 그 위를 덮고 세대를 흐르는 고요와 무심의 시간, 이 두 세계는 언제나 공존의 길을 달린다.

수 백, 수 천의 어린 꽃잎들이 마지막 숨을 몰아쉰 처절한 그 죽음 자리에 초록 잎들이 무성히 돋아 여름을 향해 질주한다. 숲 사이로 스미는 햇살들은 평화롭다. 봄날의 뭇 생명의 탄생은 죽음과 바로 교차한다. 아픔과 연민 없이 봄날의 아름다움은 존재하지 않는다. 바라는 것과 바라지 않는 것, 좋은 것과 싫은 것, 삶과 죽음이 한데 공존하고 있는 것이 있는 그대로의 자연이고 인생이다. 이렇게 시인은 말하고 있는 셈이다.

이렇게 모순적이고 상반되는 것을 세트로 엮어 하나의 작품 속에 통일성 있게 형상화할 수 있는 힘, 그것을 아이러니의 능력이라고 부른다. 일급 시인이 갖춰야 할 자질이라고도 한다.

● **찬란한 한나절을 위하여** ●

장엄한 비가(悲歌)란 애초부터 어울리지 않는 것일지도 모른다. 작은 욕망을 좇아 일생을 뛰다 보잘것 없는 표정으로 눈을 감는 인간 존재에게는. 이렇게 보면 인간이란 한없이 작고 서글프고 초라한 존재일지도 모른다. 그리하여 회한

으로 가득 찬 눈물의 엘레지로 인생 후반기의 시업(詩業)을 완성해 간 시인들
도 있다. 낭만주의 시는 이런 엘레지로 시작한 과거가 있다. 한편으로는 이렇게
노년에 대응하는 시법도 있다.

    이제는
    쑥대머리 풀던 계절 광풍의 난간을 돌아
    어느 암자 촛불 밑에서 그대가 지우던
    한줄기 눈물까지도 지나온 먼 바다여.

    묻노니
    옥수수밭의 반디 물결은
    어느 느린 악장의 하반부에 누워
    노래하는가.
        「그대의 월광곡」에서

청장년기는 오류와 고통의 격랑기, 노년기는 반짝이는 오후의 강물 하류, 이렇
게 명명하는 방법은 인생의 흐름을 선(線)적인 발전 과정으로 해석하는 발상
법이다. 일찍이 박재삼이 시작하여 지금은 한국 시의 한 원형이 된 화법이기도
하다. 연륜에 성숙과 이상미를 부여하는 이런 전통적인 방법 이외에 정 시인은
이런 방법도 쓴다.

    힘껏 울부짖는 손자를 보면
    늦은 나이 되어서야 발버둥쳐 울고 싶고 천둥처럼 참회
    하고 싶건만
    그저 사무칠 뿐

    상처의 화석을 넘겨본다면 알리.
    함부로 노한 자리에
    그리움이 돋는다는 그리움이여.
    그 눈물과 기쁨이 사라진 자리
    똑같은 그 눈물 그 기쁨의 새순 돋고

> 또 지고 또 다시 살아 죽어도
> 살았음을 증명하는
> 그리움의 화석이 나온다.
> 「바람의 화석」에서

오류들과 적절치 못한 격정들로 수놓아졌던 과거의 인생, 그것을 노년기의 인간은 어떻게 바라보아야 할 것인가, 거기에서 어떤 마음을 도출하여 남은 생을 살아가는 원동력으로 삼아야 할 것인가. 이것은 노년기를 살아가야 하는 모든 인간이 마주치고 해결해 가야 할 중요한 인생 과제에 속한다.

정 시인은 모두(冒頭)에서 참회와 속죄를 생각하나, 곧 방법을 바꿔 위와 같이 "살았음을 증명하는 그리움"으로 귀결짓는다. 이것은 자신의 과거를 윤리적 잣대로 분별하고 재단하는 것이 아니라, 무엇이 일어났건간에 그 중심에 서있었던 자신을 무조건적으로 포용하고 안아들이겠다는 뜻이다.

스스로가 자신을 용서하지 않는다면 그 누가 자신을 용서해 주랴. 이것은 정 시인이 시작 과정을 통해 얻어낼 수 있었던 귀중한 일인극 드라마요, 자기 치료 과정의 하나라고 해도 될 것이다. 자신의 생에 대한 전적인 긍정이라고도 할 수 있을 정 시인의 화법은 외부로도 이렇게 투영된다.

> 망초꽃 무리가 하얀 불길로 번지면 눈물겹다.
> 저 혼자 있는 듯 어느새 한데 어울리는 빛나는 힘이
> 눈물겹다.
> 칠월 땡볕이 쏟는 황톳길을 걸어본 사람은 안다.
> 모든 무리지어 있는 것들은 따지고 보면
> 눈물겨운 힘이기에 아름답다는 걸
> 「망초」에서

자신도 그 안에 포함되어 있는, 이 생존을 위한 뭇생명들의 몸부림, 연약한 것들의 생존을 위한 한데 어울림, 이 광경에 시인은 최상의 미적 카테고리를 부여한다. 그것이 눈부신 빛이요, 아름다움이라는 단어다. 「망초」는 살아 있다는 사실 자체에 대한 대긍정의 시다.

시가 별것이랴. 이런 아름다움과 긍정적 한 생각을 자신의 인생 체험 속에서 짜(編)내고 그 빛을 독자들에게 전하기 위해 시와 시인은 존재하는 것이 아닌가. 정 시인은 아름답고 지혜로운 노년기를 살고 있는 분인 것 같다.

> 채 썬 햇살은 소나무 잎들 위에서
> 수제비 뜬 햇살은 참나무 잎들 위에서
> 숨 가쁜 물방울들로 깔깔대는 한나절
> 아
> 나의 삶은 찬란하구나."
> 「찬란한 한나절 II」에서

더 이상의 언어가 필요할까.
이것으로 충분하지 않은가.
이 환희야말로 모든 시가 맛보고 싶어 하는 최상의 목표 중의 하나다. 장차 이 환희와 대 긍정의 순간들이 반복되다가 일상 생활과 시간의 세포 속에 아주 녹아버리는 것, 매일과 매시간이 그 은은한 빛으로 충만해지는 것, 이렇게 된다면, 바로 이것이야말로 살아서 맛보는 천국의 세계가 아닐까. 이런 빛의 에너지에는 의심 없이 재빨리 전염되는 것이 좋다. 나의 스승 박두진 시인도 만년에는 온통 황홀한 빛 속에서 우시는 이야기뿐이셨다.

이런 체험을 세상에 아름답게 내어놓은 정태욱 시인에게는 경축이란 언어를 드리는 것이 옳다.

이 빛들을 제3시집에서 더욱더 풍성히 뵐 수 있기를 고대한다.

(끝)

정태욱 詩集

덧붙이지 못한 말

인쇄일 : 2022년 12월 27일
발행일 : 2022년 12월 27일

지은이 : 정태욱
        주소 : 경기도 용인시 기흥구 용인향교로 29. 힐스테이트 103동 1404호
        전화 : 010 8958 7179
        이메일 : vincero7179@naver.com

펴낸이 : 송우섭
펴낸곳 : 모데미풀
        출판등록 : 2022년 2월 8일(제2022-000021호)
        주소 : 경기도 용인시 수지구 정든로22. 죽전파크빌 901-1201
        전화 : 070 8882 8104
        이메일 : woosubso@naver.com
        블로그 : https://blog.naver.com/woosubso

꾸민곳 : 북아뜨리에
        표지제호 : 김옥자 화백
        표지그림 : 조영선 화백

ISBN : 979-11-977923-3-5
가 격 : 15,000원

*잘못 만들어진 책은 구입한 곳에서 교환해 드립니다.